Alcachofa

...el camino hacia el corazón...

ALCACHOFA

...el camino hacia el corazón...

Elena Banzo Arguis

Primera edición
Septiembre de 2017

Contacto
www.psicoterapiaeba.com

Depósito legal
B 21199-2017

ISBN
978-84-697-5319-4

Diseño Edición y maquetación
Carlos Álvarez Díez
karlosalvarez@hotmail.es

Ilustración de cubierta
Laura Argemí Tantiña
@lau_yellowmind

Impreso en Madrid
Estugraf impresores S.L.

ÍNDICE

A mi experiencia de vida, con todo lo que me ha aportado, gracias a la vida hoy soy todo lo que Soy.

A mi gran y larga familia de sangre, a todos ellos, y en especial a mis santos padres, Mariví y Nacho, por darme la vida, aguantarme en todos los momentos y estar siempre ahí. A mi hermana, Cristina, por su amor incondicional, su inagotable paciencia conmigo. Y a mis abuelas, Claudia y Leonor.

A mi familia de Barcelona, en especial a Paula, Sara y al gran hogar de Or, con todos sus habitantes y experiencias.

A mis amigos de Huesca, quienes me enseñaron a compartir y a valorar la amistad como lo hago.

A los animales con quienes he convivido, empezando por Moncho, siguiendo con León, Ton, Lilith, Leoncito, Lucas y acabando ahora con Pino, todos ellos facilitaron conocer mi lado más intuitivo, instintivo y sensible.

A las tres mujeres que creyeron en mí y me acompañaron en mi proceso de autoconocimiento: Claudia Susana Ríos, Laura Pont Plana y Ana Carrera.

A quienes acompañé o acompaño en su proceso, juntos crecemos.

A todas las personas que quiero y han contribuido al reencuentro con mi Corazón.

Al Sol y a la Luna, por su magia y su energía; a la Tierra y al Cielo por su sostén.

A mi esencia y su gran sentido del humor.

Mi eterna gratitud a todos ellos.

Presentación

Alcachofa es una guía práctica de autoconocimiento escrita desde la sabiduría y el amor del corazón, por esto ha sido tan fácil y dulce su proceso creativo como inesperada y sorprendente su materialización. Sin buscarlo, me di cuenta que los artículos que estaba escribiendo para mi web (http://www.psicoterapiaeba.com) daban la estructura de un posible y futuro libro: este que tienes ahora en tus manos. Quiero expresar la responsabilidad de mi padre para esta creación: él me vio escribir mucho un fin de semana que coincidimos, me pidió escuchar algo de lo que había escrito y ante su petición leí. Con su reconocimiento e interés me di cuenta de que todos los artículos plasmaban la estructura del camino al corazón y estaban redactados en un lenguaje cercano y claro.

Escogí el título de "ALCACHOFA... el camino hacia el corazón..." porque la alcachofa es una planta muy representativa de la abstracta composición de nuestra persona. Nos parecemos a las alcachofas porque todos guardamos debajo de muchas capas la chispita esencial, que viene a ser el corazón de la alcachofa. A lo largo de los capítulos del libro, te propongo acompañarte en el viaje hacia este corazón y la Libertad que él alberga.

El conjunto de este libro explica de forma sencilla y ordenada los posibles pasos para lograr el objetivo de mi método de acompañamiento terapéutico: manifestar tu fuerza y vivir en conexión con la sabiduría de tu corazón para sentirte un ser libre y feliz.

Psicoterapia EBA es el nombre con el que llamé a mi método de trabajo. Eba con "b" son mis iniciales. Lo que me convenció a utilizar este nombre fue el significado de su etimología: en la república democrática del Congo quiere decir "padres de todos". Siento que este nombre es perfecto porque en las sesiones, con mi corazón por guía, utilizo herramientas de diferentes vertientes psicoterapéuticas para poder abarcar todos los cuerpos que nos conforman. Además, el hecho de que sean mis iniciales para mí simboliza muchísimo: mi experiencia en esta vida, con mi madre y con mi padre como creadores materiales, ha sido la máxima responsable de mis conocimientos, quedando plasmado con mi nombre y cada uno de sus apellidos. A día de hoy, mi propósito de vida es compartir el aprendizaje de mi recorrido, este libro es una forma para poder compartirlo contigo.

Voy a darte algunas explicaciones de cómo hacer este proceso para que te sea fácil, amoroso y nutritivo:

Para familiarizarte con el método y para realizar una primera idea global sobre tu Ser y sobre el contenido del libro, te aconsejo leer de manera ligera todo. Una vez leído, ¡comienza el proceso! Deja tus prisas a un lado y ¡¡disfruta del camino!!

Pienso que el orden en el que están estructurados los capítulos puede serte de ayuda, pero también se pueden combinar. El método es flexible en el orden de autoconocimiento de tus cuerpos, como cada ser es diferente, único y especial, posiblemente según seas elegirás comenzar por uno u otro. Una premisa que quiero que tengas presente durante todo este proceso de autoconocimiento: "Tú eres quien mejor te conoce, escucha a tu corazón ante todo. Sí, yo te guío y acompaño, pero el camino y el cambio los realizas Tú".

Por mis experiencias con libros de autoayuda quiero hacerte otra puntualización, para mí esto puede parecer un libro de autoayuda pero no lo es, son escritos para facilitarte o invitarte a iniciarte o a profundizar en tu autoconocimiento. Tal vez en tu lectura identifiques cosas con las que discrepes en contenido o en la manera de expresarme, si es así genial, céntrate en lo que te sea de utilidad, en lo que sí te resuena en el corazón.

Durante la lectura y al final de cada apartado, encontrarás ejercicios prácticos o preguntas. Para mí el verdadero conocimiento y la auténtica transformación pasa por la experiencia vivida. Para facilitar la experiencia vivencial te recomiendo que te hagas con una libreta, elige una que te guste y personalízala, va a ser tu diario de abordo así que cuanto más amorosa la diseñes mejor. Tu libreta te será de gran utilidad para poder escribir tus respuestas de los ejercicios, así podrás observar los resultados y tener registrado tu proceso y tus anotaciones.

Los cuerpos de tu Ser

¿Has pensado alguna vez qué compone tu persona? Es una buena pregunta para comenzar a conocerte.

En numerosas ocasiones hago referencia a la alcachofa para describir nuestra estructura, te pido que conforme leas, acudas a tu imaginación para visualizarlo. Verás, una alcachofa tiene en su centro un corazón envuelto por varias capas siendo la externa la capa más dura. Nuestro Ser esencial, sabio por naturaleza, estaría representado por el corazón de la alcachofa, las capas que envuelven el corazón representarían nuestra estructura de funcionamiento automatizada por los años con todo su contenido emocional y mental, y la capa dura, sería la identidad que se ha ido forjando con el tiempo, comúnmente llamada máscara, ego o coraza, siendo esta la más costosa de atravesar. El objetivo es llegar al corazón de la alcachofa, llegar a conectar con nuestra esencia, nuestro verdadero Ser, y vivir desde esta conexión natural. Al que le guste la alcachofa ya sabe que el corazón además de ser la parte más nutritiva es la más rica y suave para el paladar.

Después de esta curiosa explicación, voy a diferenciar dos mundos en cada persona: el mundo interno y el mundo externo. La alcachofa representaría al intangible mundo interno. Para mí, el camino hacia la libertad es de dentro hacia afuera, por ello, pienso que es muy importante conocer el mundo interno para establecer una conexión directa con tu esencia. Si estás leyendo esto, veré normal que te preguntes: ¿Qué es la esencia? La esencia es verdad, pura verdad y sabiduría, y alberga dentro de ti. ¿Por qué no estamos solo conectados con nuestra esencia? Inicialmente es así, el niño en su estado inicial es pura esencia, esa conexión es muy directa; ahora bien, con el tiempo, en la interacción con el mundo exterior las capas que envuelven al corazón de la alcachofa pueden ir perdiendo su permeabilidad inicial, aumentando la dificultad de conexión con el Ser.

¿Qué componentes forman nuestra persona? Vamos allá: Tenemos un cuerpo físico: Esencial para experimentar la vida, pues en él y a través de él experimentamos nuestras vivencias. En el interior del cuerpo está el acceso a nuestra esencia, simbolizada por el corazón de la hortaliza. Si la diseccionamos verticalmente, vemos las capas que envuelven a este corazón, las cuales simbolizarán en nuestro esquema la información generadora del movimiento interno. La información se puede traducir en emociones, las cuales conforman nuestro cuerpo emocional, y en pensamientos, creadores del cuerpo mental. Los pensamientos y emociones experimentados a lo largo de nuestra vida crean las vivencias y los recuerdos que habitan en nuestra persona, esto da lugar a las creencias propias, también las hay heredadas de tu sistema familiar. Tengan el origen que tengan se encuentran instaladas en nosotros, muchas veces de manera inconsciente y tienen mucho poder. Estas creencias que un día se establecieron son la causa de muchos de nuestros pensamientos y emociones automáticos. En estas creencias está la idea que tenemos sobre el dinero, el trabajo, las relaciones personales, la amistad, la familia, los amigos, la sociedad y el autoconcepto de uno mismo. Nuestra identificación con esta información crea nuestra identidad y esto en nuestro dibujo de la alcachofa correspondería a la capa más externa, a la más dura y difícil de traspasar. Necesitamos tener creencias, porque si no las tuviésemos nos esfumaríamos, "si crees eres" en todos los sentidos. Ahora bien, según sean las creencias nos resultaran más o menos limitantes para sentirnos libres de Ser.

Toda la información (pensamientos, emociones y creencias) almacenada en nuestro cuerpo crea nuestro campo energético, así pues, llamaremos cuerpo vibracional al flujo de energía resultante de la interacción de los tres cuerpos: físico, mental y emocional. Este campo es el punto de interacción con el mundo externo, el puente conector con la vida. Todo lo anterior confecciona al Ser completo, a la persona.

Cuanto más conscientes seamos de nuestra composición y funcionamiento más permeabilidad adquirirán las "capas", pudiendo vivir más desde el corazón. Para lograrlo, parte imprescindible del proceso es que conozcas muy bien cómo funcionan tus emociones y tus pensamientos, identificar tus creencias limitantes para cambiarlas y crear una identidad permeable. Desde el autoconocimiento puedes cambiar lo que no te sume por algo nuevo que te resulte realmente constructivo.

¿Cómo conozco mis emociones? ¿Cómo conozco mis pensamientos? ¿Cómo identifico mis creencias limitantes? y lo más importante, ¿cómo realizo el cambio? Esto lo explicaremos más detalladamente en cada apartado. Con la explicación anterior he querido invitarte a reflexionar sobre nuestra composición para tener una idea global y poder profundizar en cada una de las partes de aquí en adelante. Esta manera de explicarlo no es absoluta, he tratado de que sea visual y concreta para facilitar su comprensión ya que en sí misma es abstracta.

Deseo que este escrito te haya servido para ordenar e identificar todas las partes que conforman tu Ser, nuestra persona tiene una confección compleja, que su funcionamiento sea fácil lo has de decidir tú.

Sobre Ti: Cuerpos del Ser

Te propongo dar respuesta a estas preguntas para conocerte más, no sirve pensar si está mal o bien, lo que sirve de momento es observar e identificar, sin más cuestiones, solo conocerte. ¡Vamos a elaborar el mapa de tu persona, caricaturicemos tu alcachofa! ¡Cuanto más detallado sea mejor! Deseo disfrutes mucho la elaboración:

1

Cuerpo físico: ¿Cómo está tu cuerpo? ¿Dónde se acumulan tensiones? ¿Sientes todas las partes de tu cuerpo? ¿Has tenido enfermedades? Puedes realizar una línea de tu vida donde apuntes las dolencias que hayas padecido y sus fechas.

2

Cuerpo mental: ¿Cómo son tus pensamientos? ¿Eres crítico contigo o con los demás?

¿Te quedas "enganchado" con tus pensamientos? ¿Son rápidos? ¿Ordenados?

¿Concretos? ¿Complicados? ¿Te es sencillo observar tus pensamientos? ¿Consigues silencio mental? ¿Te preocupas a menudo?

3

Cuerpo emocional: ¿Cómo estás? ¿Cómo te sientes? ¿Escuchas habitualmente tus emociones o te cuesta responder a las preguntas anteriores? ¿Qué emociones te resultan más agradables y cuáles menos? ¿Hay alguna emoción que no sueles sentir? ¿Ves relación/repercusión entre tus emociones y tu cuerpo?

4

Creencias: Te aconsejo escribir lo que piensas sobre los temas constituyentes de tu identidad (familia, relaciones, dinero, trabajo, hobbies...) Así, al leer lo que hayas escrito te resultará más sencillo identificar algunas de las creencias sobre cada tema.

5

Identidad: ¿Quién eres? Escribe en dos o tres líneas, máximo en media carilla la respuesta.

6

Esencia: ¿Puedes conectar con ella? Si es que sí, ¿cómo lo identificas? ¿En qué situaciones te es más fácil la conexión? Si es que no ¿Sabes a qué me refiero? ¿Alguna vez recuerdas haberla sentido?

Esto solo es para conocerte, es cambiante, y si haces el proceso de autoconocimiento tus respuestas en un tiempo serán muy diferentes. Te deseo un feliz viaje hacia tu interior.

Cuerpo mental:
Tus pensamientos

Primero de todo, ¿que son los pensamientos? ¿Te has hecho alguna vez esta pregunta? Los pensamientos son un producto de nuestra mente con importante repercusión en todos los componentes de nuestra persona. Son energía con infinito poder creativo. Los pensamientos pueden ser voluntarios o involuntarios y conscientes o inconscientes. Pueden variar en su orden y en su ritmo. En base a ello y a nuestro nivel de consciencia los observamos mediante el lenguaje interno. La energía del pensamiento se escucha codificada en palabras de la lengua predominante para la persona en ese contexto. Es interesante conocer que los sordomudos que nunca aprendieron una lengua, piensan codificando mentalmente sus pensamientos en signos.

Por el poder que tienen los pensamientos a la hora de crear nuestra realidad es tan importante conocer cómo funcionan y dirigir nosotros nuestra mente. Voy con otro de mis ejemplos, si visualizamos un barco y nadie dirige el timón, ¿qué pasa? Entiendo que acabará a la deriva. Imagina que el barco es tu mente y el timón del barco son tus pensamientos. ¿Dónde está el capitán? El capitán eres tú querido Ser, y al igual que el capitán del barco aprendió a tripular, tú puedes aprender a dirigir tus pensamientos hacia donde tú quieras llegar. A continuación, veremos cómo manejar el timón de tu barco.

Para dirigir nuestros pensamientos hemos de conocer nuestra mente. No es lo mismo aprender a manejar un velero que un barco de crucero, cada uno tiene sus mecanismos. Así que comenzaremos identificando cuales son las características de tu barco.

Has de saber que la energía mental está activa en todo momento y según como funciona emite una información de los cuerpos (emocional, físico y energético) y tiene una determinada frecuencia. Si eres principiante en esto, tranquilo, es normal que al comenzar a observar tus pensamientos a veces tengan un ritmo tan elevado que no puedas escucharlos bien, si van a mucha velocidad no hay tiempo para realizar la traducción a palabras. En este caso, escucharías lo que vamos a llamar ruido mental, este tiene una frecuencia que no es muy armoniosa, es desordenada y llega a tus emociones y a tu cuerpo, generando esta vibración caótica en tu campo. Si esto te pasa al principio, te repito, es muy normal, con el tiempo y la práctica verás cómo tus pensamientos se ordenan y tu mente se apacigua. Y si no escuchas ruido mental, ¡maravilloso!, más rápido y fácil será tu proceso de entrenamiento mental.

Desde ya puedes comenzar a entrenarte. ¿Cómo se hace? Como todo entrenamiento, se requiere constancia y tiempo para obtener resultados. Te recomiendo dejar las prisas a un lado y disfrutar del camino, ahí está el verdadero aprendizaje.

Cuando te hablan, normalmente, a no ser que estés poniendo la atención en otra cosa ¿escuchas lo que dicen de fuera verdad? Pues ahí está el quid de la cuestión, esa escucha externa que ya conoces también la vas a hacer a nivel interno. Así que el primer paso será escuchar tu voz interna que siempre está activa, a veces hará ruido, otras veces emitirá frases claras y otras veces se mantendrá en silencio. Que el silencio sea el estado habitual de la voz interna de tus pensamientos es lo que queremos conseguir, pero estamos en el paso uno.

¡Solamente escucha activa interna! Si logras mantener la actitud de escucha activa ya es muchísimo. Para facilitar esto aconsejo comenzar practicando meditaciones para observar tus pensamientos en quietud. La quietud la facilita. A continuación, cuando esta práctica ya te sea fácil puedes ir incorporando el estado de escucha activa a actividades individuales de ejecución sencilla por ejemplo caminar, limpiar, planchar... Cuando en esas situaciones ya domines la escucha llega lo interesante, escuchar la voz interna cuando estés en interacción directa con estímulos externos. Puedes comenzar observando los pensamientos que aparecen al ver la televisión, al escuchar la radio o al escuchar una conversación en la que tú no estás participando de forma directa. Llegados a este punto ya tendrás un amplio conocimiento de cómo funciona tu mente, ya sabrás para qué tipo de barco has de prepararte.

Si eres capaz de escuchar tus pensamientos en interacción ya debes tener un amplio conocimiento de tu voz interna, ¡felicidades! Felicitarte mucho es importante, autoreconocerse por el camino ya realizado motiva la continuación y hace que sea fácil, satisfactorio y amoroso.

Conocer la voz interna es algo así como cuando conoces a alguien nuevo, llega un momento que ya sabes cómo es su forma de ser y llega a ser bastante previsible ¿verdad? Es muy agradable si te haces amigo de tu voz interna, pues a partir de ahora vais a convivir de forma consciente y vais a crear juntas o juntos, así que mejor no entrar en conflictos y si se necesita apelad al humor.

El siguiente paso es vaciar la mente. Esos pensamientos que se activaban involuntariamente ya no los necesitas así que puedes despedirte de ellos con la disposición de utilizar esa energía en beneficio propio y en el de los demás. Esto sería un poco la idea de "mente en blanco", a mí me gusta el término de presencia mental. Para esto, también son de gran ayuda las meditaciones para dejar ir, ¿verdad que si miras un río no tratas de retener el agua cuando la ves pasar? Esto es lo mismo, dejar ir los pensamientos hasta que el estado de la mente sea calmo, entrando en la presencia continua. Este proceso hace que descubras partes de tu neurosis que muchas veces activan emociones como el enfado o personajes varios, como el dramático o el victimista, muy comunes, te pido que saques de tu sentido del humor, no hay nada más terapéutico que ponerse la nariz roja y reírse de uno mismo, ¡haz de tu voz interna tu aliada! Así será muy divertido.

Una vez que ya conoces tu estructura de funcionamiento mental y eres capaz de dejar ir los pensamientos limitantes obteniendo la presencia mental, llega la parte más divertida, ¡A CREAR! Ahora ya puedes comenzar a dirigir tus pensamientos hacia donde tú quieras. Recuerda que eres el capitán y tú tienes el poder de decidir cómo va a ser el camino a tu destino. Para ser un buen capitán te recomiendo ser concreto. Puede ayudarte el preguntarte ¿Qué quiero? ¿A dónde quiero ir? Y ¿qué pensamientos necesito para lograrlo? Lo primero es tener claro tu objetivo y después observar que todos tus pensamientos estén enfocados en esa dirección. Para que se materialicen los resultados es muy importante que te lo creas. ¡Ojo! El capitán cuando elige un destino puede encontrar algunos obstáculos en el camino, pero no pasa nada, forman parte del aprendizaje y recuerda:

llegados a este punto ya tienes muchas herramientas para lidiar con ellos.

En esta fase ya puedes experimentar la alquimia de tus pensamientos en interacción con el mundo externo, cuando tú ya eres partícipe y no solo un observador. Permítete sorprender de la respuesta de tu entorno. Parece mágico ver cómo cuando haces cambios internos, en el exterior son tan diferentes las respuestas.

El entrenamiento de tu cuerpo mental es para aplicarlo en todas las áreas de tu vida pero puedes empezar practicándolo en una para ver los resultados. ¿Podrías comerte un elefante de golpe? No. Pues esto es lo mismo, mejor será ir poquito a poquito.

Voy a ponerte un ejemplo de una situación concreta para entender los pasos anteriores: Una persona que tiene dificultades sociales, cada vez que está en un encuentro con otras personas siente tensión e inseguridad y experimenta unos nervios que le impiden ser ella misma. Le supone un gran esfuerzo intervenir.

Escucha interna: Lo primero será identificar los pensamientos que se activan automáticamente: *"El habla muy bien, se le ve super seguro" "yo soy peor" "Nadie me va a escuchar" "Voy a hacer el ridículo" "No me explico"*

La persona puede observar su propio juicio y su constante comparación.

Ante esta observación, ya se pueden identificar cuáles son los pensamientos limitantes, tanto con uno mismo como con el resto, cuándo se activan y qué tipo de mensajes emiten.

A partir de la identificación de pensamientos se pueden extraer creencias establecidas, en este caso, podría ser:

- *"Lo paso mal cuando estoy con gente"*

- *"Soy inferior"*

Cada uno ha de identificar cuál es la creencia que le resuena.

Cuando existe una repetición de patrones de pensamientos hay una creencia que los mantiene, ahí será necesario identificar la creencia limitante para cambiarla. Algunas creencias residen a nivel inconsciente y tienen muchísimo poder en co-crear nuestra vida, por ello es que nos interesa hacerlas conscientes, de esta manera podemos cambiarlas para que dejen de limitarnos. Las creencias se pueden eliminar instaurando, mediante la repetición, una nueva que sea nutritiva como por ejemplo: *"disfruto con la gente".*

A continuación, realizaríamos la fase del vacío mental, de continua presencia. Si aparecen esos pensamientos dejarlos ir. ¿Cómo? Recuerda la imagen del río. ¿Verdad que en la inhalación coges aire y no tratas de quedártelo en la exhalación? Esto es lo mismo, pero con tus pensamientos. Una vez la presencia mental ya te sea fácil ¡a crear! Invertir la energía en crear lo que queremos, en nuestro beneficio. En este caso, pueden ser pensamientos como *"me siento escuchada, lo que yo digo es válido, me siento segura de mi misma, soy interesante, disfruto de los encuentros con los demás, participo de forma espontánea y natural"*.

Y si te lo crees así será, es tan fácil que parece broma. Ahora bien ¿qué pasa cuando no te lo crees? Habrá algo en el entrenamiento que hay que pulir, porque si no te crees que es así no sucede. Me he encontrado casos que me dicen directamente: *"yo no me lo creo, no puede ser tan fácil"*. Y claro, como comprenderás, como no se lo cree no sucede el cambio. Estas personas tienen la creencia de que *"ha de ser difícil"* por lo tanto habrá que cambiar esa creencia limitante en su proceso creativo por una nutritiva, ya que si no lo hace, sus procesos o cambios estarán marcados por la dificultad.

En ocasiones, por ti mismo puede ser más costoso identificar algunos de los patrones que se almacenan a un nivel más inconsciente, por ello puede agilizarte el proceso el acompañamiento terapéutico de un profesional. Además, te recuerdo que esto es solo sobre el cuerpo mental y los pensamientos siempre activan emociones y producen repercusiones en el cuerpo físico y a la inversa. Calma, ¡lo estás haciendo bien! Por ahora, es necesaria la práctica y el tiempo suficiente para que se manifiesten resultados, únicamente nos hemos centrado en el cuerpo mental.

Sobre ti: Cuerpo mental

1

¿Cómo son tus pensamientos? ¿Qué te dificulta el estado de escucha activa? Siéntate cada día con tu espalda recta en quietud, y escucha tu voz interna. Cuando se interrumpa recurre a tu respiración para retomarla. Comienza por 2 minutos y ve ampliando el tiempo. Sé constante para poder ver los resultados. Anota en tu libreta cada día lo observado. Tú mismo verás cómo cada vez te resulta más fácil.

2

Cuando ya lleves un tiempo entrenando la escucha en quietud, llévala a la práctica en actividades individuales de ejecución sencilla como limpiar tu coche, tender la ropa...Haz un listado de los pensamientos observados.

3

A continuación puedes realizar esto en contacto con el mundo externo sin que intervengas directamente. Anótalos.

4

¡Ya estás preparado para observar que pensamientos te aparecen en situaciones que te generan malestar en interacción directa con el otro! Anota lo que ocurre en diferentes situaciones.

5

A estas alturas ya tienes muchos apuntes sobre tus pensamientos en diferentes ámbitos. Revisa todas tus anotaciones, observarás que algunos son repetitivos y limitantes o son recurrentes en los mismos temas. Perfecto, ¡patrones de pensamiento identificados!

6

De los pensamientos identificados ya puedes extraer las creencias a nivel inconsciente que los activan. Identifica tus creencias limitantes, escríbelas y crea las nuevas.

Te recomiendo que las repitas a modo "mantra" hasta que te las creas y o que realices un cartel bonito con tu nueva creencia para colgarlo y verlo en tu día a día.

7

¡A crear! Escribe los pensamientos con los que desees nutrirte, de este modo estás reeducando a tu voz interna, le estás dando nuevos recursos a tus nuevas creencias para su asentamiento y nueva expresión.

Realiza esto en las diferentes áreas de tu vida, poquito a poco, para llegar a automatizar la presencia mental. Es posible que después del proceso aparezcan algunos pensamientos, serán los intrusos, no pasa nada, ya tienes muchas herramientas y cada vez la alquimia te será más automática. ¡Feliz presencia mental!

El cuerpo emocional

Comenzaré preguntándote que te sugieren las palabras alquimia emocional. Este es el nombre que le puse al proceso de aprovechamiento de la energía de cada emoción en nuestro beneficio. La alquimia emocional es el objetivo en este apartado, voy a explicártelo haciendo antes una introducción sobre las emociones y nuestro cuerpo emocional.

Todos tenemos un cuerpo emocional, seamos más o menos conscientes de nuestras emociones están allí, envolviéndonos y formando parte de la frecuencia resultante en nuestro campo energético.

En ocasiones, bien sea por creencias establecidas, o por una estructura de funcionamiento mental automatizada, la cual posiblemente adquirimos a raíz de una experiencia para sobrellevarla como mejor pudimos, existe la tendencia a catalogar emociones como negativas o como positivas. Es común ver como negativa la rabia, la tristeza y el miedo. Esta errónea creencia activa los mecanismos de defensa, siendo estos la negación o la evitación, ¿Qué quiere decir? He observado dos posibilidades, una es el no sentir las emociones, esto ocurre por dar prioridad de escucha a la parte mental, deshabitando de esta manera el cuerpo físico y produciendo así la desconexión emocional. La otra posibilidad es sentir la emoción, pero casi de manera automática e inconsciente anular la conexión emocional y negar su existencia.

Te invito a reflexionar con las siguientes preguntas, ¿que son las emociones? y si las tenemos ¿de qué nos sirven?

Las emociones son respuestas energéticas que produce nuestro cuerpo ante las circunstancias que vamos experimentando. Estas, según la interpretación que le demos, producen un resultado diferente en nuestro campo, pudiendo subir o bajar nuestra frecuencia vibracional. La interpretación se produce desde nuestro cuerpo mental, por nuestras experiencias previas y permite identificar a cada una de ellas. Cada respuesta energética tiene un movimiento propio interno, lo que genera una respuesta fisiológica diferente, por ejemplo la tristeza encoje el pecho, debilita los riñones, la rabia acumula tensiones en zonas concretas y afecta al hígado, la alegría provoca la obertura del corazón...Ninguna es buena o mala en sí misma, y ninguna es dañina, están ahí para ser escuchadas, funcionan como un termómetro para indicarnos cómo estamos con nosotros mismos y con el mundo, siendo una información muy útil para conocer cómo están los demás cuerpos. Ahora bien, se ha de tener cuidado con la intensidad, porque si una emoción se vive con una intensidad muy elevada desestabiliza todos los demás cuerpos: mental, físico y energético. Esto no es nada nuevo, ya sabemos que los extremos no suelen sernos beneficiosos porque todo tiende al equilibrio, o a un desequilibrio armónico. Por esto, es importante tratar de vivir las emociones con una intensidad media, buscando el punto intermedio, el centro, el hara emocional. Pues cuando se pierde, podríamos decir que de alguna manera la vivencia esta sesgada, pierde realidad. Esto pasa con todas, pues como ya dije, insisto, todas son buenas, la alegría desmesurada te llevaría a un estado eufórico con distanciamiento de la realidad y la tristeza desmedida a un desazón que da lugar a la vivencia dramática, perdiendo la objetividad real.

Las emociones nos resultan dañinas cuando no las reconocemos. Las tenemos para sentirnos vivos, son nuestra guía, nuestro principal material de autoconocimiento del mundo interno. Además de esto, cuando somos conocedores de nuestras emociones y nuestros mecanismos emocionales las podemos aprovechar en nuestro beneficio, escucharlas y atender a nuestra coherencia interna.

Las emociones, detrás del envoltorio que permite su identificación, son todas lo mismo: energía pura, ENERGÍA NEUTRA. Este es el quid para la alquimia. Esto puede resultar algo complejo de entender si no se ha experimentado a un nivel consciente. Voy a poner un ejemplo que tal vez te ayude y es probable que te halla pasado: Cuando en un momento te enfadas y aparece la emoción de la rabia, de repente adquieres mucha fuerza, ahí vemos claramente cómo la rabia es energía, solo cada uno puede elegir cómo utilizar esa energía, esa fuerza vital. Puedes gritar, insultar, golpear algo y expresarla así, o también puedes irte a correr o a bailar o aprovechar el impulso para limpiar la casa. Solo tú puedes decidir de qué manera vas a utilizar la energía que esa emoción creó. Por tanto, la emoción es energía en movimiento, en transformación, y la alquimia emocional es la capacidad de elegir qué haces con la energía neutra que se ha generado en cada emoción.

¿Qué es lo que dificulta este proceso de alquimia? El apego emocional, la identificación con la emoción. Esto sucede cuando tu poder personal se lo regalas a la emoción que has experimentado, te enganchas a ella y puede llegar a ser más grande que tu Ser. Igual que tú le diste el poder a la emoción y cobró vida propia apoderándose de ti, solo tú puedes quitárselo. Al final tu corazón es el más poderoso, es el director de todos los cuerpos, pero eso sí, has de querer. Poder y responsabilidad van cogidos de la mano, por lo que si te responsabilizas de tus emociones ya no sirve echar la culpa a la situación o al otro. Cuando una emoción se apodera de nuestro Ser, puede ser debido a varias razones. Es común que sea por la existencia de un patrón de funcionamiento instaurado o por una creencia inconsciente que hace que esa emoción aparezca de manera intensa e invasiva;

por esto, muchas veces, gracias a la existencia de las emociones automáticas podemos identificar aspectos inconscientes de nuestro cuerpo mental. Como estarás notando, el cuerpo mental y el emocional están bidireccionalmente relacionados, por lo que en ocasiones al poner consciencia en el cuerpo emocional, encontrarás mecanismos del mental, ¡ya tienes muchas herramientas para abarcarlo!

¿Cómo se hace la alquimia emocional? Allá vamos, lo primero de todo te digo algo que a mí me sirve mucho, menos es más. Ahora verás porqué digo esto.

Como en todo para obtener un buen resultado se requiere práctica y tiempo, así que de nuevo te recuerdo: *"deja las prisas de lado"*, como bien dicen en Marruecos *"la prisa mata".*

Para comenzar necesitamos que una buena conexión emocional se establezca. La conexión emocional es la constante escucha interna de las emociones. Esto se automatiza preguntándose en todo momento: ¿Cómo me siento? ¿Cómo estoy? El bien y el mal no sirven como respuesta, son solo un envoltorio de regalo y con esta valoración no ves la emoción que hay dentro. Cuando la conexión emocional ya está adquirida, viene la observación de tus mecanismos emocionales de funcionamiento, es decir, si te enganchas a las emociones, si las compartes, si las dejas ir, si aparecen más unas u otras, si se apoderan de ti o sientes tenerlas reguladas...Cada uno tiene unos mecanismos más automatizados y tú has de descubrir los tuyos. Tras esta identificación viene ¡la práctica vivencial atrevida! Consiste en realizar respuestas diferentes a las que normalmente harías para adquirir el dominio de la dirección del caudal energético que produce la emoción.

Cuanta más práctica tengas de los tres pasos anteriores, más fácil te resultara experimentar la alquimia emocional y ser libre de elegir cómo reaccionar y en qué y de qué manera inviertes tu energía. Todo lo que elijas está perfecto. Para mí lo importante es que experimentes la posibilidad de elección, rompiendo con lo automático. Esta es nuestra Gran Libertad.

Sobre ti: Cuerpo emocional

El proceso vivencial para conocerte emocionalmente comenzará con estas preguntas: ¿Cómo estás? ¿Cómo te sientes? Se trata de ser cada vez más concreto en tus respuestas.

1

Anota en varias ocasiones al día como estás en ese instante presente. Hazlo durante el tiempo necesario hasta que te resulte fácil ser concreto con tus estados emocionales.

2

A continuación te pido que elabores un registro de tus mecanismos de funcionamiento emocional, puede ser que te sea de ayuda responder a las siguientes preguntas:

2.1

¿Te es fácil sentir tus emociones?

2.2

¿Cuándo las sientes les prestas atención o las evitas?

2.3

¿Cómo es para ti expresarlas y compartirlas con los demás?

2.4

¿Hay alguna emoción que te produzca mayor malestar sentir? Si la hay, a esta emoción le puedes otorgar mayor protagonismo y aprovechar con ella la alquimia.

2.5

¿Hay alguna que "nunca sientes"?

Con todos estos datos me parece que puedes empezar con la práctica atrevida.

Cada persona tiene su propio ritmo, tenlo en cuenta.

3

Realizar respuestas diferentes es la práctica atrevida. Es lo que llaman salir de tu zona de confort con consciencia rompiendo los patrones automáticos. Anota qué ocurre cuando respondes diferente. Seguro habrás escuchado que para tener resultados diferentes has de hacer acciones distintas, pues ¡adelante! Desde la vivencia ya será tu verdad.

Llegados a este punto ya tienes casi todo el recorrido para llegar a la alquimia: elegir invertir la energía de la emoción como a tí te sea nutritivo. Recuerda: el quid es que tengas presente ver la neutralidad de la energía de cada emoción.

Espero que disfrutes mucho del proceso experimental y de la libertad resultante de la alquimia emocional.

El cuerpo físico: nuestro vehículo sagrado

¿Te has parado a pensar cuanto ha hecho y hace tu cuerpo por ti? ¿Has pensado alguna vez en lo perfecto que es su funcionamiento? Es realmente increíble. Cada día más me sigo maravillando y le doy las gracias por todo lo que mi cuerpo hace por mí.

No sé cómo habrá sido o es tu relación con tu cuerpo querido lector, yo sé cómo fue la mía y como es actualmente y quiero compartirla contigo. Recordar cómo es habitar mi cuerpo desde el amor ha sido en mi camino para definirme un Ser libre un escalón decisivo. Pues no hace tanto que puedo afirmar que me siento un Ser pleno, libre y feliz. Mi recorrido comenzó por el autoconocimiento del cuerpo mental y energético, siguió con el emocional y el físico. En mi caso el autoconocomiento del cuerpo ha sido a través de la danza.

Durante muchos años no escuchaba mi cuerpo, ni sus necesidades, puedo decir que no lo conocía. Ahora te digo, ¿Cuánto conoces tu cuerpo? En algo tan básico como si me sentaba bien el frio o el calor no sabía la respuesta, o mejor dicho creía saberla pero no era verdadera, era solo pensada. No lo cuidaba, mi alimentación era nefasta, no hacía apenas deporte, ni tenía hábitos saludables. Puedo decir que no habitaba mi cuerpo, estaba bastante desconectada de él, tenía muchas partes que ni siquiera sentía aunque dirigiese allí mi atención. También había muchas partes de mi cuerpo que no aceptaba y criticaba, sin darme cuenta enviaba mensajes constantes destructivos a mis células, mis órganos y mi estructura. En la escuela nos enseñaban cosas "importantísimas", pero parece que la asignatura de amor y aceptación con uno mismo cuando yo estudiaba no tenía cabida. A día de hoy tenemos más suerte, ya hay escuelas en las que predomina la educación en valores humanos y amorosos.

Bueno, te hago esta pregunta: ¿enfermas a menudo? Yo somaticé mucho en el cuerpo hasta que comencé a habitarlo y a conocer mi cuerpo emocional y mental. Tus emociones y tus pensamientos repercuten directamente en tu cuerpo físico. Si hay un conflicto emocional sin solucionar aparece reflejado en el cuerpo físico. El cuerpo es nuestro guía, está a nuestra disposición constante, al servicio de nuestro aprendizaje. Lo llamo vehículo sagrado porque gracias a él podemos experimentar la magia de la vida. Si te parece extraño es normal, a veces hasta que no experimentamos una cosa, hasta que no la vivimos, no la podemos comprender. La mente entiende, el cuerpo vive y desde la vivencia comprende.

Al igual que los pensamientos y emociones repercuten en nuestro cuerpo, el estado físico también interfiere en el estado emocional y mental. Por esto es tan importante que tu cuerpo adquiera protagonismo si quieres ser un Ser libre.

El cuerpo físico es nuestro cuerpo con mayor densidad, energía densificada y contraída hasta tal punto que es materia. Para cuidar nuestro cuerpo a nivel físico hay tres nutrientes importantes: la respiración, la alimentación (sólidos y líquidos) y el movimiento.

El cuerpo tiene una estructura, con un eje que permite que la energía circule por todo el cuerpo y se conecte con la madre tierra y el padre cielo. Por nuestras experiencias a lo largo de la vida hemos creado un carácter corporal, una manera de caminar, unos puntos de apoyo determinados para sostener las posiciones defensivas. Estas posiciones, cuando las adquiriste las necesitabas, fueron tu defensa ante algo externo que te resultó hostil. Ahora se trata de desaprender, reeducar tu postura, permeabilizar tu carácter corporal, y desarrollar la percepción de tu eje y establecer su alineación. Es muy importante cuidar este eje, porque a través de él se establecen las relaciones entre los cuerpos y esto tiene repercusión en tu estado vital.

¿Qué es el eje? El eje es un concepto que vamos a utilizar para sentir nuestra alineación y aumentar la consciencia corporal reeducando nuestra postura. Cuando sientes tu eje, esa sensación pasa a generar en ti un mayor estado de consciencia. El eje simbólicamente lo podemos describir a través de una visualización como un canal de luz blanca que recorre nuestro cuerpo pasando por tres puntos: la coronilla, el plexo (corazón) y el periné (entre los genitales y el ano), prolongándose hasta el cielo y la tierra.

"Cuánto más alineado esté tu eje mayor será tu vitalidad"

¿Cómo te relacionas con tu cuerpo? ¿Cuáles son los mensajes que le das? ¿Cómo te sientes con él? Quiero decirte una cosa, no sé cuánto de contento y agradecido estarás con tu cuerpo pero piensa en esto, si hubieses tenido otro cuerpo, o alguna parte hubiese sido diferente, a día de hoy serías otra persona, porque todo lo que percibimos, todo lo que experimentamos es a través de él. Te invito a que te relaciones con tu cuerpo de una manera cercana y amorosa, desde la escucha respetuosa. ¿Recuerdas el proceso de entrenamiento mental? Con el cuerpo es casi lo mismo. Primero has de identificar tu manera de relacionarte con él, escucharlo, conocerlo y después "re-aprender" a cuidarlo y mimarlo. En todo cambio, necesitamos aceptación de lo que hay para evitar la lucha interna, pues si hay lucha se genera energía para mantener lo existente, también necesitamos de constancia y de tiempo para ver resultados.

Nuestro cuerpo es nuestra primera casa, nuestro templo. Gracias a él experimentamos cada instante, ¡la vida es vivida a través de él!

¿Alguna vez has pensado en todo que hace tu cuerpo para respirar? ¿Cómo colaboran y se coordinan las partes de tu cuerpo en el proceso de respiración? Es maravilloso. Yo estoy impresionada con la respiración. A través de ella podemos experimentar conexiones increíbles y sanadoras.

"La respiración es la puerta de conexión con nuestro corazón, con nuestro Ser, con nuestra Esencia"

¿Te has preguntado todo lo que hace el cuerpo para alcanzar el orgasmo? Es otra cosa que me fascina, piénsalo. Visualiza toda la cantidad de energía que se mueve, todo su circuito y toda la activación de los órganos y músculos para que suceda.

Admiro la capacidad de regeneración natural del organismo. El cuerpo siempre tiende a la salud.

Observa todo lo que hace, ¡maravíllate con él! Es increíble. Deseo que lo disfrutes muchísimo.

Sobre ti: Cuerpo físico

A continuación te hago una propuesta para comenzar a habitar tu cuerpo, a amarlo y a cuidarlo, y si ya lo haces, a hacerlo más y mejor:

1

Túmbate en una superficie sólida, con pies paralelos a la anchura de las caderas y brazos a lo largo del cuerpo. Elabora un mapa mentalmente de cómo está tu cuerpo, donde sientes tensiones y donde no, un mapa detallado de pies a cabeza, recorriendo cada milímetro. Anótalo.

2

Ahora confecciona un plan de cuidado de tu cuerpo y llévalo de manera disciplinada durante una semana. En este plan te pido que tengas en cuenta cuatro puntos:

2.1

La alimentación: Piensa que los alimentos son energía y al comerlos estamos ingiriendo una vibración que luego vamos a emitir. ¡Es la gasolina de nuestro vehículo! Realiza un menú saludable, come solo cuando tengas hambre, masticando, disfrutando de cada bocado, atendiendo cómo te sienta. La alimentación es otro proceso, pues cada alimento te sienta mejor o peor, tanto a nivel digestivo como energético.

2.2

Ejercicio físico. Hazte un plan diario de ejercicio. O una actividad que te guste o simplemente una tabla de ejercicios y estiramientos que puedas encontrar por internet. Dedica de 1 a 2 horas al cuidado de tu cuerpo. Sudar oxigena y revitaliza todo nuestro ser.

2.3

Respira. Siéntate a respirar cada día por la mañana, a la misma hora en el mismo lugar. A ser posible en un espacio que te invite a la calma. Coloca tu espalda recta y sencillamente observa tu respiración, sin forzarla. Si sientes dolor en alguna zona de tu cuerpo, en la inhalación puedes enviar el aire a esa zona y aprovechar la exhalación para soltar el dolor. Respiras todo el tiempo, pero ¿Cuánta atención prestas a tu respiración?

2.4

Agradécele y acarícialo. Cada noche, cuando ya estés en la cama dale las gracias por todo lo que sientas que haya hecho por ti. Si no se te ocurre nada para agradecer, simplemente agradécele todo lo que ese día ha respirado. Para acabar bien el día regálate un recorrido de caricias.

3

El séptimo día de tu plan ya estás listo para ver resultados, en solo una semana. Realiza el ejercicio del primer día, apunta todas tus sensaciones. Ahora compara los dos escritos. Te quedarás totalmente sorprendido de cómo reacciona tu cuerpo, en tan poco tiempo y con un cuidado tan simple.

Reeducación y consciencia corporal

Continúo con unos ejercicios para mejorar tu postura y la consciencia de tu estructura.

4

Ponte de pie, con los pies a la anchura de tus caderas, rectos. Tus brazos a los lados de tu cuerpo, tu Hara* presente, y tu mentón muy ligeramente hacia el pecho. Cierra tus ojos. Ahora vas a centrarte en tres puntos: Coronilla, plexo y periné. Vas a visualizar como esos tres puntos están alineados, recolócate si lo necesitas, estos puntos forman parte un tubo de luz blanca que se proyecta hacia el cielo y hacia la tierra.

Flexiona ligeramente las rodillas si lo necesitas para sentirlas relajadas, respirando. Y ligeramente lleva tu peso hacia adelante, sintiendo en tu pie un punto de apoyo que se encuentra en el medio encima de los dedos, lleva tu cuerpo muy ligeramente hacia adelante para que este punto sea el principal apoyo de tu pie.

Ayúdate de tu respiración para ampliar este eje y la consciencia del mismo, siente como crece con cada inspiración.

Realiza este ejercicio cada día en la mañana durante 3-5 minutos. Es normal que al principio te duelan algunas partes, ¡lleva ahí la respiración! Son partes de ti que hace tiempo que no respiraban y por eso al principio duelen, es parte de la reeducación.

Hara*: Zona del vientre, unos cinco centímetros debajo del ombligo.

5

Como tras realizar este ejercicio ya podrás tener consciencia de tu eje y de cuándo está alineado, te invito a que lleves tu atención a él el resto del día (mientras caminas, estas sentada, de pie realizando una actividad de movilidad parcial), y te preguntes: ¿estoy en mi eje? ¿estoy alineada? Si estás, genial, y si no, recolócate. De esta manera podrás ampliar tu consciencia corporal y poco a poco irás integrando una nueva postura con mayor alineación que facilitará el flujo de tu energía y ganarás en vitalidad.

Mundo interno Vs. Mundo externo

"Lo que es a fuera es a dentro"

¿Por qué en tantos textos, sea la cultura que sea hacen referencia a esto? Lo que es en nuestro mundo interno es lo que pasa en nuestro mundo externo. Soy consciente de que es una afirmación abstracta, piénsalo unos minutos, y responde con sinceridad desde tu corazón, ¿hay alguna de tus vivencias que no sientas vinculadas a tu mundo interno? Nada pasa por casualidad. Nuestra vida es un espejo de nuestros sucesos internos, de nuestra vida del mundo interior. Somos los artistas co-creadores de nuestras vivencias, nos dieron ese poder, con toda la responsabilidad que conlleva, y al mismo tiempo, con toda la magia y humildad requeridas. Esta co-creación de nuestra realidad es bidireccional en un principio, pero mi invitación es a que sea unidireccional, de dentro a fuera.

Cada persona emite, en cada instante, una vibración u otra, y por ello, co-creamos una vivencia concreta. Se llama co-creación porque no creamos solos, nuestras vivencias se crean de la interacción de todos los componentes de nuestro mundo interno con todos los del mundo externo. Como dijo Platón, tenemos el mundo de las ideas, que sería la energía de nuestro mundo interno, y el mundo externo es la materialización de las mismas en nuestras realidades vividas.

Para Ser y cultivar la vida con la libertad de elegir, y viendo toda la conexión que tenemos con el todo en nuestro diseño creativo de vida, valoro necesario contemplar la siguiente premisa: *"sin lo otro no Soy, mi existencia es posible en función de la existencia externa y viceversa".*

Ser no es identidad, cuando hablo de Ser me refiero a Ser desde tu esencia. El sentido último de este material es ser consciente de todos los mecanismos de funcionamiento que conforman tu personalidad, tu Yo, tu identidad identificada, para que se desvanezcan las cadenas que apresan a tu Ser, a tu esencia, a tu verdad, y puedas vivir desde tu libertad de elegir. Cuando tu personalidad se diluye por tu consciencia presente no es que dejes de tener una identidad, sino que se vuelve una identidad tan permeable que pasa a ser un Yo técnico al servicio de tu Ser. En tu Ser habita toda la sabiduría, en cambio, el Yo no sabe nada, aunque a veces este tan ciego que crea saberlo todo.

Cuando traspasas las capas de tu identidad, llegas al rico corazón de la alcachofa, a tu esencia, y allí querido lector, te encuentras de lleno con el maravilloso y tan temido vacío interno. No temas encontrarte con él, ese miedo es el gran causante de que nos empeñemos en mantener y defender nuestra impermeable personalidad. Te invito a que te sumerjas ahí, lánzate a tu interior, observa todas las partes de ti que tratan de impedirte que alcances el contacto con tu vacío interno, ponle consciencia, la consciencia disipa todo lo existente fuera del presente y te lleva al instante cero, al presente absoluto. Si te cuesta vale, persevera, lo conseguirás, seguro. Si yo pude tú puedes.

La codificación en palabras de mi vivencia del vacío interno es: *"el vacío está lleno de posibilidades para ser vividas"*. Esta es mi manera, pero cada uno encuentra una forma diferente de expresar esta vivencia de conexión con el Todo, algunos lo hicieron con gestos, otros con otras palabras, y otros desde el silencio a través de su mirada. Quiero que tú lo vivas, es la única manera de que sea tu verdad y de que puedas integrarlo en tu día a día.

Desde esta conexión, tu vibración se eleva potencialmente, apareciendo en el exterior tantas posibilidades como en tu interior contemples. Si la vibración de tu mundo interno es alta y armoniosa así será tu realidad. La fuerza para el cambio alberga dentro de ti.

Sobre ti: Mundo interno vs. Mundo externo

Anota tres ejemplos en los que puedas identificarte como co-creador de tu realidad. No importa que el resultado haya sido el deseado. Sé muy concreto en los detalles de la circunstancia. Después identifica en cada uno de ellos qué pensaste, que sentiste y que hiciste para que se manifestara en tu realidad. Después localiza las creencias que estaban en un lugar más inconsciente para co-crear el resultado final.

Este ejercicio es simplemente para ampliar la consciencia de la grandeza de tu Ser, de tu gran responsabilidad en tu vida. Desde el reconocimiento de tu responsabilidad recuperas todo tu poder, tu fuerza, y desde esta consciencia estas aumentando tu libertad. Sé amoroso contigo y recurre al humor, recuerda que la vida es un gran juego, y estamos aprendiendo a jugar para disfrutar de esta gran partida.

Tu cuerpo energético

"Tu cuerpo energético es el puente de unión entre tu mundo interno y tu mundo externo"

En el campo energético vive toda la información emocional y mental de cada persona. Nuestro Ser es muy sensible a las energías de los lugares que visitamos o de las personas con las que interaccionamos. Puede ser que esto te parezca extraño. La sensibilidad para sentir las energías la tenemos todos pero no siempre la hemos desarrollado. A todos nos afecta de igual manera, solo que cuanto más consciente eres, más recursos puedes aplicar para mantener tu cuerpo energético limpio. Si en algún momento lo sientes sucio, ten presente tu responsabilidad, ¡tú eres el máximo responsable en todo lo que te acontece!

¿Has sentido que hay lugares o personas con los que después de estar allá te sientes cansado o con poca energía? Seguro que sí. Esto es por la información que se queda en tu cuerpo energético. Al igual que las emociones y los pensamientos afectan a tu campo, lo mismo pasa a la inversa. Si estas en un espacio o con una persona que tiene mucha densidad, esta vibración pasa a ser tuya y es información para tu cuerpo emocional y mental. Por ello, es importante que aprendas a conocer tu campo, a protegerlo y a limpiarlo.

En este capítulo, te invito a conocer tu cuerpo energético desde la experimentación. Una opción es que comiences a observar que te pasa en los lugares que visitas y con las personas que estas, puede ser que haya personas o lugares que te dejen cansados simplemente porque vibran en una frecuencia diferente a la tuya. La música es una manera clara para desarrollar la consciencia de la sensibilidad de tu campo. Según sea tu tipo de vibración, una música clásica te producirá una reacción u otra, cambia de tipos de música y aprende a sentir tus propios cambios energéticos. El sonido es frecuencia y actúa directamente en tu campo vibratorio produciendo cambios en tus cuerpos y por tanto en tus estados. Después de esto, podrás identificar qué te pasa en otros lugares o con otras personas. Seguro que alguna vez has pensado que estar con alguien te sienta genial o te quedas agotado, o también es muy claro lo que pasa en el campo o en la montaña, son espacios limpios con una energía que facilita tu conexión y eleva tu vibración desde la armonía, por ello, después de dar un paseo por el campo se suele sentir paz y vitalidad.

Seguramente habrás pensado que si al hablar con alguien o al estar en un lugar sucede un intercambio energético, al tener relaciones sexuales con alguien también. Exacto, ocurre lo mismo pero más profundamente, digamos que cuando hablas con alguien intercambias tu capa más externa, la que está en proyección hacia el exterior, en cambio cuando tienes relaciones sexuales con alguien intercambias toda la información. Por esto, es muy importante elegir bien a las parejas sexuales. Me quede una vez con esta frase que me gustó, "acuéstate solo con quien te gustaría ser".

Nuestro cuerpo energético tiene sus ejes principales en el cuerpo físico y por allí circula todo el flujo de energía. En las manos tenemos receptores principales de energía, por ello, desde la antigüedad, se ha curado con las manos. Aunque no sea perceptible a la vista, existe en cada persona una conexión energética con el cielo y con la tierra. Si has realizado el apartado práctico anterior: re-educación y consciencia corporal, habrás podido sentir e identificar tu eje. En él se da un flujo de energía constante. Como los centros de energía residen en nuestro cuerpo físico, al cuidar tu cuerpo físico estás cuidando el circuito de tu cuerpo energético. Como todo está relacionado, al entrenar la estructura corporal para fomentar un eje bien alineado tu energía podrá fluir mejor y en mayor cantidad, aumentando tu frecuencia vibracional.

Como ya sabes cómo funciona tu cuerpo energético, a continuación voy a darte herramientas para que empieces a practicar su protección y limpieza. Esto es útil para todo el mundo.

Protección:

1

Luz blanca: Visualiza como desde tu pecho se activa una luz blanca brillante y con cada respiración se va expandiendo por tu cuerpo hasta que te encuentras todo tú dentro de una bola blanca brillante. El color blanco es muy importante, como expliqué anteriormente, alcaliniza todo con lo que contacta. Mediante las visualizaciones se alcanzan unos resultados extraordinarios. Si te parece raro, está bien, solo pruébalo, y verás como con los resultados el escepticismo desaparece.

Para comenzar, te aconsejo que lo practiques solo y en quietud. Cuando seas capaz de mantener la visualización en quietud durante largo tiempo sin requerir prácticamente esfuerzo pasaremos a hacerlo en movimiento. Al principio es normal que te cueste, que desaparezca y hayas de volver a empezar, tranquilo, te repito, es normal, y ya sabes que si quieres, con constancia y práctica te acabará resultando fácil. Cuando ya puedas visualizarlo sin esfuerzo en quietud, hazlo en movimiento, practícalo mientras caminas, hablas por teléfono... Cuando ya puedas hacer esto, estarás preparado para hacerlo con gente o en ambientes que te resulten densos.

2

Mampara de metacrilato: Es muy parecido a la bola blanca pero con una diferencia, te protege pero dejas de sentir la proyección del otro o del entorno. Estás literalmente dentro de una mampara que te aísla de todo lo demás. Todo lo que llega rebota o se desliza. Esto se puede utilizar cuando te sientas muy sensible y sientas necesidad de estar más aislado. El entrenamiento es igual que el anterior, primero aprender a visualizarte dentro de la mampara y después sostener la visualización en interacción con el entorno.

3

Postura. La postura también nos puede ayudar a protegernos. ¿Cómo? Verás, según cómo posiciones tu cuerpo te colocas en una postura más o menos receptiva. Observa esto, cuando ves a una persona que va a abrazar a un niño abre sus extremidades y su pecho mostrándose receptiva, en cambio, cuando alguien recibe algo que no le gusta cruza los brazos bloqueando la proyección que le envían. Esto es sobre todo para la interacción con otra persona, ahí si es efectivo, para los entornos no lo es tanto porque la energía esta esparcida por todo el ambiente. Cuando se trata de estar con una persona o un grupo, se ha de mirar la posición en la que estáis y en base a ello se da la postura. Esto es algo muy intuitivo y orgánico, el cuerpo es sabio, si lo observas, seguramente, ya lo harás y no te habrás percatado.

Limpieza:

4

Ducha energética: Mediante la visualización y la respiración: A través de la meditación y la respiración puedes limpiarte de todo lo que sientas en tu campo que te resulte denso. ¿Te duchas cada día? Es probable que sí, pues el cuerpo energético también se ha de limpiar cada día. Existen varias maneras de visualizar tu limpieza energética, has de probar para encontrar cuál te resulta más fácil y eficaz. Te explico una sencilla: visualiza en tus manos unos guantes blancos, con ellas, literalmente, vas quitando la densidad de las zonas que sientas cargadas. Delante de ti imagina un tubo de color morado hasta el cielo, en él depositas todo lo que vas quitando, y en el tubo se transforma en luz blanca. Recuerda que los pensamientos y las emociones también son energía, así que quita todo lo que ya no necesites.

5

Manos: A través de las manos y las muñecas podemos hacer una limpieza. Son centros energéticos importantes. Una manera es colocar las dos manos debajo del grifo, dejar que el agua caiga sobre una mano y después sobre la otra, llevando nuestra atención e intención a cómo el agua al caer se lleva toda la energía que no es nuestra.

6

Los beneficios de la sal marina y el bicarbonato. He de decir que un baño consciente en el mar, es la mejor limpieza energética que se puede tener. El bicarbonato y la sal marina ayudan mucho a eliminar las densidades. Como no nos podemos bañar en el mar siempre que necesitamos, puedes recurrir a ponerte sal gorda marina o bicarbonato en los centros energéticos que sientas más cargados. Siempre en la ducha para que al caer el agua, todo lo que no te nutra se vaya. Especifico ducha porque mucha gente asocia relajarse con darse un baño, y en la bañera toda la energía está en el agua, si te gusta bañarte perfecto, pero después de tu baño ponte bajo la ducha para que la corriente se lo lleve todo.

Sobre ti: Cuerpo energético

1

¿Sientes tu energía? Si estás sensibilizado a percibir las sutilezas perfecto, si no lo estas, te invito a probar esto. Coloca tus manos enfrentadas a la altura de tu pecho, sin tocarse, con una separación de entre 1 o 2 centímetros. Cierra tus ojos, ahora simplemente observa que sientes en tus manos. Cada uno experimenta el movimiento energético de diferente manera, y tú has de encontrar la tuya. Yo lo siento con vibración, con movimiento, muchos de mis pacientes me explican que lo sienten como calor. Cada uno lo experimenta de una manera y todo está bien.

2

Entrenamiento del cuerpo energético: Como siempre, primero sería ampliar la consciencia del cuerpo energético, en este capítulo te he explicado diferentes posibilidades de hacerlo gradualmente, tras esto ya podrás identificar qué circunstancias te repercuten más o menos, y a partir de allí, poner en práctica los ejercicios de limpieza y protección que te resuenen hasta que logres el dominio. Anota los resultados tras realizar los ejercicios, estas anotaciones son importantes porque podrás ver en el registro tu progreso.

La Esencia:
El corazón de tu alcachofa

La esencia es la protagonista de este libro, todo lo anterior es para reencontrarnos con ella y vivir la vida desde esta conexión. Al ser consciente plenamente de tus cuerpos las barreras que te separaban de tu Esencia se debilitan y pasan a estar en un segundo plano.

He de repetirte esto, tú y yo no sabemos nada. He de reconocerlo, toda la sabiduría que almacenamos en el interior viene de la Esencia, de nuestro verdadero Ser, nada que ver con tu identidad.

La Esencia aparece cuando te atreves a experimentar conscientemente el silencio, llegas a tu vacío, a la nada, generando la quietud para su aparición con sus infinitas posibilidades. Toda la grandeza está ahí, almacenada y con ganas de ser vivida y compartida. Cuando llegas a esta conexión te has convertido en un canal, tu identidad se esfuma, eres nada y todo a la vez.

Es probable que sepas a que me refiero, que esto resuene en ti, en tu corazón. Cuando algo nos resuena es porque dentro se activa una verdad, un insight vivido, son revelaciones que nos transforman y nos acercan cada vez más a nuestro verdadero Ser.

Para mí la consciente presencia constante de toda mi persona es lo que me permite acceder a mi esencia.

En un principio, era todo un entrenamiento para vencer con los automatismos de mi cuerpo mental, emocional y físico, esto requería salir de mi zona de confort y me conllevó una inversión de tiempo y energía, y dinero también, ya que los tratamientos terapéuticos se han de pagar. Digo inversión y no gasto porque ahora, cuando salgo de ese estado de consciencia presente continua es cuando salgo de mi zona de confort y mi energía baja. Ya están integrados en mí los mecanismos que me facilitan la conexión con mi Ser.

Quiero explicar esto de la consciencia con un ejemplo que me resultó en su día muy gráfico. ¿Recuerdas las radios de hace unos años que tenían una antena y no sintonizaban la emisora si no la extendías y la situabas en cierta posición? Nuestra consciencia es como esa antena, todos la tenemos, al principio cuesta colocarla bien, aparece mucho ruido para impedir la correcta posición, pero cuando ya le has pillado la manera es fácil y da gusto la claridad de emisión cuando está extendida. Pues es esto mismo, practicar estar consciente tanto hasta automatizarlo, y tu antena estará habitualmente adecuadamente extendida y colocada.

"La consciencia activa permite la emisión de nuestra Esencia"

Igual que para llegar al corazón de la alcachofa has de seguir unos pasos, para acceder a tu esencia, los pasos de autoconocimiento anteriores se han de hacer. Pasito a pasito, irás estableciendo esta conexión, aumentándola en el camino, adquiriendo herramientas y sintiéndote cada vez ser más consciente y libre.

El corazón también es un simbolismo, cuando hablo del corazón me refiero al pecho, al plexo. Desde la ciencia dicen que el corazón como músculo tiene más neuronas que la mente, aseguran que el órgano en sí es como un cerebro. Cuando yo digo que es simbólico es porque es una certeza. Cuando alguien dice "te llevo en el corazón" no imaginas el órgano ¿verdad? Es una representación simbólica de una certeza. Te deseo, de todo corazón, que disfrutes muchísimo del reencuentro con tu Esencia.

El corazón tiene los deseos que te acercan o están en consonancia con tu propósito de vida. Tu personalidad, tu yo técnico, tiene unos dones y unas limitaciones. Las capacidades de tu persona son conforme a tu propósito. Todos tenemos uno, un propósito es algo que nos gusta, se nos da bien y sirve al mundo. Realizar nuestro propósito nos facilita el estado de felicidad. Es posible que creas que tú no tienes uno, eso no es verdad, puede ser que no sepas cuál es, yo estuve muchos años sin saberlo. A día de hoy siento que mi capacidad es creer en el otro y mi propósito es acompañar a los demás en su camino hacia el corazón, para que cada vez más seamos más los que vivimos desde ahí. En nuestro corazón tenemos un recuerdo, una chispita de nuestra divinidad, una pequeña parcela de nuestra verdadera casa. Nuestra condición humana es un gran regalo para poder experimentar la vida en la maravillosa Tierra, venimos a aprender, a comprendernos, a recordar quienes somos. Por esto, aunque hayas pasado momentos muy dolorosos los necesitabas para ser quien eres, para reconocerte.

Abrazar el pasado y nuestros automatismos nos permite enamorarnos del Ser humano que somos cada Ser. El abrazo sana y te reencuentra con tu Esencia, te libera, te permite la presencia ligera y el amor incondicional, la gratitud por el simple hecho de existir, de sentir, de vivir.

A ti querido Ser te envío un enorme abrazo.

Sobre ti: La esencia

Para pasar al capítulo de la co-creación esta vivencia es importantísima. Ya tienes mucha consciencia de tus cuerpos y sus mecanismos y eres capaz de lograr el silencio, desde este estado es el momento de escuchar a tu corazón.

1

Cierra tus ojos, coloca tu cuerpo alineado y lleva tus manos al corazón, siente el latido, quédate ahí escuchándolo el tiempo que puedas.

Sentir el latido te permite estar en armonía con la vida. Desde esta escucha puedes preguntarle a tu corazón ¿qué deseas?

Ya aprendiste a comunicarte con tu voz interior del cuerpo mental y a sentir tus emociones, ahora es el momento de comunicarte con tu sabio corazón para vivir desde ahí, desde su sabiduría, su respeto, su humildad y su generosidad con el mundo.

¿Cuántos años llevas funcionando con mecanismos automáticos inconscientes? Según tu edad será más o menos tiempo, por eso es normal que aparezcan resistencias y miedos a vivir desde este nuevo espacio. Realiza este ejercicio hasta que se solidifique la conexión con tu corazón. A algunos esta comunicación le aparece con imágenes, a otros con sensaciones, lo suelen llamar intuición o sexto sentido. A mí la mayoría de veces me viene en sensaciones que automáticamente se codifican en pensamientos, cada uno tiene su manera y la tuya será la más válida y perfecta.

2

Carta a tu personalidad: Tu personalidad siempre va a acompañarte, lo que ocurre es que ahora eres consciente de sus mecanismos. Esta carta es como un contrato en el cuál tu personalidad y tu Ser se reencuentran, "hacen las paces" para dejar atrás la lucha y, a partir de ahora, vivir en armonía.

Escríbela desde la sabiduría de tu corazón para que tu Yo pase a ser un yo técnico a su servicio. A continuación te escribo unas líneas para que si necesitas puedas tomarlas como un posible ejemplo:

Querida personalidad,

Te escribo esta carta a modo de contrato, desde hoy me comprometo a:
....

....

He decidido dejar atrás el sufrimiento, desde hoy vivo desde la consciencia, el amor y la sabiduría de mi corazón.

Te agradezco:

....

A partir de ahora elijo mis respuestas, y tú con tus dones estarás al servicio de mi corazón para vivir juntas en coherencia y co-crear la vida que deseamos, una vida fácil, sencilla, respetuosa y divertida, una vida feliz.

A día..... de ...... de ....

Fdo:

Co-creación

¿Qué es la co-creación? La co-creación es nuestra capacidad creativa en constante interacción con el entorno. Co-creación es la materialización de nuestro mundo interno en el exterior. Es co-creación porque para que las cosas se materialicen se necesita del otro, de lo otro. Lo que te rodea es igual de importante que tú. Seguramente habrás escuchado la frase de que todos somos UNO, pues para la co-creación este principio es importante. Quiero que profundicemos en él algo más. Imagina una red en el universo, todos y todo formamos parte de esta red, desde una estrella hasta un árbol, una persona de África o un ruso, es una red energética en la que se encuentra todo y todo está conectado. Ahora bien, pensarás que esto no es así porque no lo sientes, ¿podrías sostener sentirlo? Claramente no. Ahora te hago otra pregunta, ¿te has sentido conectado con alguien cercano aunque no esté cerca físicamente? Piensa esta pregunta, seguro que te ha paso muchas veces y lo has explicado mediante la casualidad o la intuición.

La casualidad no existe. Utilizamos este término para dar una explicación coherente a una circunstancia de la que no sabemos la causa, y así, nuestra "controladora" personalidad, y nuestra mente se quedan tranquilas creyendo saber que la causa que originó esa consecuencia fue la casualidad. La causalidad sí existe, en todo, y muchas veces hay varias causalidades en sincronía para que algo suceda; cuando no somos conocedores de estas causas recurrimos a la casualidad para explicar los sucesos. Con el tiempo verás que muchas veces entender la causa no es tan importante, o mejor dicho, nada importante.

Estamos en constante interacción con el universo, es como una relación más, solo que en él están todas las posibilidades que podamos imaginar. Nuestra interacción depende de nuestros cuerpos, según la información emitida a través de nuestro canal energético co-creamos con el universo nuestra realidad en sintonía con nuestro estado interno. ¿Te parece una locura? Llegados a este capítulo, si sigues aquí no creo que te parezca tan loco, o al menos, algo de verdad resuena en tu Ser para que sigas la lectura. No temas, atrévete a descubrirla y a enamorarte de la magia de la co-creación. Querido lector, he de repetirte algo muy muy en serio, en todo momento estás co-creando, lo único que cambia es tu nivel de consciencia. Seguro que dices que hay situaciones que no has creado o cosas que no has elegido, en cierto modo tienes razón, seguro que hay situaciones que en el momento en que ocurrieron no las elegiste vivir desde tu nivel consciente, pero a nivel inconsciente Si, las estabas co-creando.

Para abrirte a manejar tu poder de co-creación te invito a dejar de entender y a permitirte sorprender con lo mágico de la vida, que no siempre es tangible ni se puede explicar, se ha de vivir. El amor lo sientes ¿verdad? Y como lo sientes sabes que existe, no puedes meterlo en un recipiente y mostrar a nivel físico que se trata de amor, pero sabes que está porque lo vives, pues es esto.

La co-creación va totalmente unida a la responsabilidad. Cuando tú eres capaz de reconocerte como co-creador de tu vida ya no "echas balones fuera", no responsabilizas a nadie ni a nada de tus circunstancias. ¿Estás dispuesto a responsabilizarte de tu vida? Si es así, me alegro y te felicito. Y si no, lo respeto totalmente, cada uno tiene su momento. Cuando eres consciente que co-creas todo el tiempo asumes tu poder y dejas de regalarlo. También te responsabilizas dejando atrás las quejas o los personajes más victimistas. Responsabilizarte te permite empoderarte.

Vamos a lo práctico, co-crear ya lo haces, lo que a partir de ahora puedes hacerlo de forma consciente. La co-creación está en todo, puedes co-crear una pareja, tu estado de salud, un trabajo, dinero... ¿Cómo se hace? Bien, en todo momento con nuestros pensamientos y emociones emitimos una vibración a nuestro campo. Vamos a hacer lo mismo pero de manera consciente, sabiendo qué pensamos y qué sentimos.

La consciencia solo existe en el presente. ¿Existe algo fuera de nuestro presente? La respuesta es no.

Ante la negativa anterior surgirán en ti afirmaciones como: "¿y mi pasado? ¿Y esta persona querida que falleció?" Todo esto existe solo cuando es pensado en el presente. Normalmente, debido a la existencia de una medida temporal, hemos observado el tiempo de forma lineal: Pasado – presente – futuro. Esta explicación es útil y válida para explicar historias personales o circunstanciales y darles un sentido, una linealidad. Por lo tanto, para esto, esta percepción del tiempo es de utilidad. Acompáñame en la reflexión sobre esta pregunta: ¿existe tu biografía si me la explicas porque sucedió o porque le estás otorgando existencia en este presente desde el momento en el que me la verbalizas? Todo, lo que pasó y lo que pasará, está en continua modificación desde el presente. Desde los datos históricos hasta los sucesos personales biográficos pasados son modificados desde la vivencia presente de quien les proporciona existencia. Entonces, en nuestro mundo interno, la percepción temporal no contempla la linealidad. Ahí, en tu interior, pasado y futuro existen en el presente, solo existe un presente continuo. Desde tu consciencia presente puedes cambiar la vivencia de circunstancias pasadas y la proyección de las futuras.

Hay principios básicos en la co-creación, vamos a dividir el proceso en tres bloques para darle orden y explicar en cada uno estos principios. Lo primero es escuchar el deseo de tu corazón, después la coherencia PEA (coherencia entre pensamiento, emoción y acción) y observar si tus creencias conscientes o inconscientes están en armonía. Estos tres principios componen el primer bloque: el proceso creativo. La sorpresa y la flexibilidad son claves para que aparezca la materialización, y, por último, la gratitud, se ha de sentir para el mantenimiento de lo co-creado o del estado receptivo a la abundancia. Vamos a los detalles de cada una:

PROCESO CREATIVO:

1

Escuchar los deseos de tu corazón. Ya sabes cómo hacerlo (Sobre ti: la Esencia). Recuerda tu corazón no necesita nada, tu ego sí, esto es una certeza que te comparto porque a mí me sirve para diferenciar. Cuando identifiques tu deseo podemos pasar a la coherencia.

2

Coherencia PEA (Pensamiento, emoción y acción): ha de haber coherencia entre lo que pensamos, sentimos y hacemos, escríbelo de manera concreta. También ha de haber coherencia con la creencia inconsciente que permitirá que se materialice, ahí vamos.

3

Las creencias. ¿Te lo crees? ¿Puedes visualizarte sintiéndote cómo vives al experimentar lo que estás co-creando? Sé muy honesto contigo. Si puedes visualizarlo, regodéate en esta sensación. Si no puedes se ha de revisar qué ocurre y cambiar la creencia inconsciente que no impide.

Voy a poner dos ejemplos diferentes:

1.

Una chica piensa que va a llegarle un novio maravilloso con quien va a compartir su felicidad. Siente que se lo merece y tiene muchas ganas de compartir su tiempo con él. Está en una actitud receptiva y realiza actividades sociales en las que conoce gente nueva. Hasta allí todo es coherente y fluido. Llega ese chico con el que parece que todo es maravilloso pero ella no es feliz y siente gran sufrimiento, ¿Qué ha pasado? No ha revisado sus creencias. Ella a nivel inconsciente tenía instalada una creencia limitante, podría ser la creencia de: "todos los hombres me hacen sufrir". Así que la creencia inconsciente al final manda y su experiencia no es la que quería. En este caso lo primero sería identificar esa creencia limitante para cambiarla por una totalmente nutritiva como por ejemplo: "el sufrimiento es una elección, yo elijo ser feliz".

2

Una persona quiere encontrar un trabajo de lo que ha estudiado porque está en el paro. Piensa que es válida, siente que se lo merece y echa curriculums, también tiene una actitud receptiva a que le lleguen propuestas. Aparecían propuestas que no eran de lo suyo, eran todas de trabajos temporales y de pocas horas. Este es un caso verídico, al hablar con ella para averiguar sobre sus creencias identificamos la creencia limitante: ella sentía que su trabajo ya no le hacía feliz, quería algo nuevo aunque no sabía qué, y para descubrirlo necesitaba un tiempo para aclararse y sentir hacia donde quería enfocarse. Como no lo tenía claro y no había escuchado sus creencias no entendía por qué le aparecían trabajos puntuales y de otras áreas, estaba co-creando exactamente lo que albergaba en su interior; es más, en esta conversación se dio cuenta de que el despido y el tiempo en paro lo había co-creado ella misma.

Con estos ejemplos nos es más fácil centrarnos en qué hay que preguntarse para co-crear lo que queremos, desde la coherencia PEA, comenzamos con el cuerpo mental: ¿Qué quiero? ¿Cuándo? ¿Cómo? Estas respuestas han de ser muy concretas y con orden. Ha nivel emocional: ¿Cómo me siento cuando imagino esto? ¿Siento que es posible? Cuando aparece una incoherencia es por algo, aquí es muy importante escuchar nuestras emociones, son información clave de si estamos enfocándonos en lo que realmente queremos y creemos que necesitamos en sintonía con nuestra esencia. En el ejemplo 2 la persona no había puesto atención en el deseo de su corazón: *"tener tiempo para aclararse y sentir a donde quería enfocarse"*. El deseo del corazón es la información más fuerte en el proceso de co-creación, siempre está enviando sus deseos aunque no seamos conscientes, su escucha es esencial para que tu recorrido sea agradable.

En este bloque es común que se activen los miedos. Estos son muy útiles para identificar creencias o pensamientos limitantes. Pasaremos a la acción ¿Qué haces para que esto suceda? Aquí hay acciones que evidentemente te pueden ayudar pero es muy importante la actitud, una actitud de obertura y receptividad para permitir recibirlo; ya está ahí tu co-creación, solo es darte el permiso para que suceda. En este punto de la co-creación suele haber una creencia que te invito a desactivar: "todo requiere esfuerzo". No es verdad, en esto también nos engañaron, las cosas pueden ser muy fáciles y divertidas si te motivan. Esto es una creencia limitante común que puede causar un desgaste alto intentando que algo suceda. La última pregunta destinada a tu inconsciente será: ¿Te lo crees? Se muy honesto en la respuesta. Si te lo crees y hay coherencia entre lo demás poco más se ha de hacer, todo aparecerá en el momento perfecto. Te voy a decir algo, ojo con lo siguiente:

- *Tengo que esperar*

- *No me lo merezco*

- *No he hecho lo suficiente*

Son creencias inconscientes del ego que limitan mucho que la abundancia pueda llegar.

MATERIALIZACIÓN:

La actitud facilitadora de la materialización es la de "ya está hecho mi pedido, hay coherencia y confío en que el universo me lo mostrara en el momento perfecto". Se resumiría en confianza y actitud receptiva. En este punto ya te puedes olvidar para dar espacio a que la sorpresa aparezca. Para que la sorpresa pueda manifestarse es importante que tu apertura sea flexible, ya fuiste concreto en lo que querías a nivel de sensación, el cómo ha de aparecer no lo sabes, ahí está la magia, no puedes controlar nada.

Cuando eres reconocedor de que tú ahí no tienes el control de nada te estás invitando a sorprenderte y a confiar, cambias control por confianza, la vida sabe. Una manera principal de llevar a cabo la acción es la expresión de palabras. Estas emiten un mensaje con una energía que procede de nuestros cuerpos. Se cuidadoso con qué dices y a quién se lo dices, yo en este caso suelo optar por el silencio.

MANTENIMIENTO:

La gratitud permite el mantenimiento de lo que tienes co-creado y el aumento de la frecuencia para continuar recibiendo tus pedidos. No has de esperar a tener lo que has pedido, puedes comenzar ya a dar las gracias por todo lo que tienes, que seguro es muchísimo.

Como anteriormente te explicaba, la co-creación también requiere de un entrenamiento. Si en algún resultado falta algo o no es como lo deseaste, no pasa nada, de hecho este resultado puede enseñarte, si tú quieres, a identificar qué ha fallado. No controlamos nada, y eso, el no saber, es lo que da espacio a la ilusión, a la sorpresa y a la presencia.

Este proceso de co-crear lo llevas haciendo toda la vida. Llegados a este capítulo, ya tienes una consciencia de tu mundo interno mucho mayor, esto hace posible que tu co-creación pase a ser una co-creación consciente en coherencia con tu Esencia, para sentirte un Ser libre, pleno y feliz.

Cuando seas un experimentado en vivir desde el corazón verás cómo este proceso es muy orgánico. Tomas una decisión según tus deseos y la vida te lo muestra, es pasar del "control del ego" a la confianza del corazón, la vida te otorgará con todo lo que necesites para ser feliz.

¡Disfruta mucho de la creatividad que hay en ti!

Sobre ti: Co-creación

Puedes comenzar por cosas muy simples, como por ejemplo: hoy tengo momentos muy amorosos y divertidos. Y de tu afirmación observas cada cuerpo. Poco a poco puedes ir ampliando tus pedidos. Recuerda que llevas mucho tiempo co-creando cada instante de tu vida. Ahora puedes hacerlo de forma consciente.

Co-creación consciente: Te propongo este orden para tus artesanías creativas:

PROCESO CREATIVO

- ¿Qué quieres co-crear?

¿Cuáles son los deseos de tu corazón? Escúchalos y escríbelos.

La coherencia PEA (pensamiento, emoción, acción), coherencia entre lo que se piensa, lo que se siente y lo que se hace al respecto. Escribe de forma concreta tu co-creación. A continuación, muy honestamente, escribe lo primero que te venga cuando te preguntas sobre tus pensamientos, tus emociones y tus acciones para su materialización.

La creencia: Haz una relajación ayudándote con las respiraciones. Cuando te sientas relajada permite sentir con total sinceridad tu respuesta a esta pregunta ¿Te lo crees? ¿Puedes visualizarte sintiendo lo que sentirías si tu co-creación sucede? Si te es fácil y te lo crees perfecto. De no ser así, has de observar las reacciones de tus cuerpos y con todo lo que ya sabes identificar la creencia que impide que te lo creas para cambiarla.

MATERIALIZACIÓN

La materialización de tu co-creación se presenta cuando te olvidas y no esperas nada, es una frecuencia. Así flexibilizas tu campo a que aparezca de forma inesperada, abres tu puerta a la sorpresa. Recuerda, sabes lo que quieres pero no cómo se va a manifestar. La confianza en la vida es clave.

MANTENIMIENTO

Desde ya puedes hacer un listado de todo lo que tienes por lo que sientas gratitud. Lo co-creaste aunque no fuese conscientemente. Esta gratitud hace que tu campo energético aumente su frecuencia y se predisponga a recibir más, fortalece tu credibilidad ante la co-creación, lo que te empodera y te conecta con el Todo.

Cuando tu co-creación aparezca ten presente agradecerla, sea porque es tal y como la deseabas o bien sea porque has aprendido o te has hecho consciente de algo importante que no detectaste en el proceso creativo. Cada vez serás un artesano más especializado.

Integración

¿Qué es integrar? ¿Para qué sirve? Integrar es recolocar el cambio, darle un espacio en ti, asentar lo nuevo, hacerlo tuyo.

Cuando te haces consciente de tus mecanismos, simplemente por el hecho de darte cuenta, orgánicamente al verlos se debilitan hasta desvanecerse. A veces pongo el ejemplo de un gato que persigue al ratón, cuando lo pilla no tiene sentido que siga corriendo. Bien es cierto que la naturaleza del gato es perseguir al ratón para cazarlo y siempre la va a tener pero puede alimentarse de otras cosas. Nuestra personalidad es como el instinto del gato, cada uno tiene la suya y forma parte de nuestra composición humana. Ahora bien, aunque cada uno tiene su personalidad, en el momento que adquiere consciencia de los mecanismos automáticos que la activan está generando su libertad de escoger responsablemente sus respuestas.

Este camino de autoconocimiento es un camino que "nunca" acaba. Tan necesario es autoconocerse como abrazar lo viejo para soltarlo y seguir más libre. Reinventarse, reconocerse como ser nuevo teniendo espacio para asentar lo aprendido.

"Cuanto más te conoces más libre eres"

La vida y tu Ser saben, como venimos a aprender es posible que si algo te sucede y no has aprendido lo que necesitas de esa situación la vida es tan generosa que te lo repite.

En este capítulo final quiero compartirte mis certezas, insights y verdades vividas en mi propio camino de autoconocimiento. Para mí sentir certeza es sentir en tu corazón algo como una verdad, como una huella, un sello. Con convicción puedo decir que aprender a ser concreta me ha ayudado muchísimo en el avance del autoconocimiento de todos mis cuerpos, por ello, voy a expresar mis certezas concretando lo máximo que pueda.

- Mis certezas se convierten en los ladrillos que crean mi base, mi sostén, de donde emerge mi estructura.

- Nada es tan importante

- Yo no sé nada

- El miedo al vacío te invita a taparlo con todo tipo de acciones que implican la acción "meter".

- El poder está en la vida, dentro de mi está la fuerza para vivirla.

- Atreverse a entrar en el vacío es descubrir el paraíso.

- *La mente necesita encontrar el por qué; el corazón, tu Esencia, no necesita nada.*

- *La experiencia espiritual llega cuando te atreves a vivir la terrenal, cuando vives lo que has venido a vivir, la experiencia de Ser Humano.*

- *Siempre acompañada de mi misma.*

- *El humor es mi aliado, mi mejor ibuprofeno*

- *Mi Ser elige desde antes de venir*

- *Ser vs. hacer. Elijo Ser, siendo Soy.*

- *La felicidad y el sufrimiento, una decisión.*

- *Mi sentido: cultivar el amor.*

- *El placer: mi apoyo*

- *La soberbia mi gran maestra*

- *Permitirme la vulnerabilidad mi acceso a la humildad*

- *La consciencia tiene la tutela de mi existencia.*

- *Nuestro anhelo: nuestra casa.*

Cuando puedes hacer una afirmación con certeza es porque lo has vivido, está integrado en ti. Esto ya hace que seas diferente, nuevo.

Cada persona tiene un ritmo propio. Es posible que alguien necesite darle varias vueltas al libro y le conlleve varios años, o quien necesite solo unos meses; quizás alguien entre medio toma un descanso, o puede ser que a otra persona algún capítulo en concreto le sea más complejo. También puede ser que en un momento dado, el acompañamiento de un terapeuta le facilite poner más luz en el camino. Hago hincapié en esto, porque a lo largo de los años, muchas veces he escuchado una creencia social sobre ir al psicólogo o hacer terapia "si vas al psicólogo estás loco", y cada vez más esta creencia está cambiando por otras más constructivas. Además de leer muchos libros, el realizar procesos de acompañamiento terapéutico agilizó notablemente mis resultados y la cualidad de los mismos, por esto insisto en que si crees que puede beneficiarte te atrevas a probarlo, no hay que estar "loco" para hacer terapia.

Esto es un material para leerlo y HACERLO. Sus instrucciones están pensadas para que mediante la práctica desarrolles la consciencia presente de todas las partes que conforman tu Persona, para que conectes con tu inmensa grandeza y vivas co-creando tu vida desde el corazón. Está creado para que EXPERIMENTES TU VERDAD, Y VIVAS DESDE ALLÍ.

Sobre ti: Integración

Recuerda cómo estabas antes del entrenamiento. Obsérvate en tus recuerdos globalmente, después ve a cómo estaba cada uno de tus cuerpos.

Te pido que respondas a las siguientes preguntas:

- *¿Cómo están tus pensamientos?*

- *¿Cómo están tus emociones?*

- *¿Cómo está tu cuerpo físico?*

- *¿Ha cambiado algo en tu percepción energética?*

- *¿Quién es el responsable de tu vida?*

- *¿Quién eres?*

- *¿Cuál es tu propósito?*

A continuación lee tus respuestas. Ve al principio de tu cuaderno donde diste respuesta al apartado Sobre ti: Cuerpos de nuestro Ser, revisa tus anotaciones. Se consciente de tu proceso y felicítate mucho, ¡CELÉBRALO! La celebración es tan importante como lo demás, o más. ¡Seguimos!

- Ahora revisa cuales han sido tus herramientas útiles en cada apartado. Haz un listado para tenerlas a mano y poder recurrir a ellas cuando lo necesites.

- Para finalizar te propongo que hagas un listado de las certezas de tu corazón. Recuerda ser concreto, esto facilita la integración.

Te deseo infinito amor en tu proceso.

Gracias por permitirme acompañarte en este camino,

Elena Banzo Arguis